BEI GRIN MACHT SICH IHR WISSEN BEZAHLT

AF149711

- Wir veröffentlichen Ihre Hausarbeit,
  Bachelor- und Masterarbeit

- Ihr eigenes eBook und Buch -
  weltweit in allen wichtigen Shops

- Verdienen Sie an jedem Verkauf

Jetzt bei www.GRIN.com hochladen und kostenlos publizieren

Bibliografische Information der Deutschen Nationalbibliothek:

Die Deutsche Bibliothek verzeichnet diese Publikation in der Deutschen National-
bibliografie; detaillierte bibliografische Daten sind im Internet über http://dnb.d-
nb.de/ abrufbar.

Impressum:

Copyright © 2011 GRIN Verlag, Open Publishing GmbH
Druck und Bindung: Books on Demand GmbH, Norderstedt Germany
ISBN: 9783640908059

Dieses Buch bei GRIN:

http://www.grin.com/de/e-book/171398/die-geschichte-der-emanzipation-der-juden-
in-deutschland-vor-ausschwitz

Marius Röttig

Die Geschichte der Emanzipation der Juden in Deutschland vor Ausschwitz

GRIN Verlag

GRIN - Your knowledge has value

Der GRIN Verlag publiziert seit 1998 wissenschaftliche Arbeiten von Studenten, Hochschullehrern und anderen Akademikern als eBook und gedrucktes Buch. Die Verlagswebsite www.grin.com ist die ideale Plattform zur Veröffentlichung von Hausarbeiten, Abschlussarbeiten, wissenschaftlichen Aufsätzen, Dissertationen und Fachbüchern.

Besuchen Sie uns im Internet:

http://www.grin.com/

http://www.facebook.com/grincom

http://www.twitter.com/grin_com

Heinrich-Heine-Gymnasium Mettmann

Facharbeit
im Fach Geschichte

Vor Auschwitz –
Zur Emanzipation der Juden in Deutschland

Verfasser:	Marius Röttig
Kurs:	Grundkurs Geschichte
Schuljahr:	2010/2011
Bearbeitungszeit:	6 Wochen
Abgabetermin:	31.03.2011

Inhaltsverzeichnis

1. Vorwort

Die Debatte über die Emanzipation von Minderheiten wurde erst im vergangenen Jahr wieder lautstark diskutiert, nachdem Thilo Sarazzin sein Buch „Deutschland schafft sich ab – Wie wir unser Land aufs Spiel setzten" veröffentlichte.

Wenn die Bevölkerung heutzutage angeregt wird, etwas über die Geschichte der Deutschen zu sagen, fällt immer wieder der Begriff Holocaust – eine schreckliche Zeit der Judenvernichtung. Zugleich wirft dieser ein Schattenbild über Deutschland – Deutsche als Täter, Juden als Opfer. Dieser Sachverhalt erklärt mein Interesse an diesem Thema. Denn was war mit den Juden vor dem Holocaust? Wie entwickelte sich ihre gesellschaftliche Stellung in Deutschland?

Meine Facharbeit beruht auf der Untersuchung und Analyse von Primär- und Sekundärquellen mit dem Ziel, die Geschichte der Emanzipation der Juden vor dem Holocaust näher zu erläutern, die Ursache für die schwerfällige Entwicklung in Deutschland und Österreich herauszuarbeiten und interessante Personen und deren Selbstbild des Judentums hervorzuheben.

Daraus ergibt sich für mich die folgende Vorgehensweise:
Zur Vorbereitung meiner eigentlichen Analyse definiere ich zunächst den Begriff „Emanzipation" und erläutere anschließend die Geschichte der Juden bis zur Gleichberechtigung in der Verfassung des Deutschen Bundes.
Um eine Ursache für die schwerfällige Entwicklung zu verdeutlichen, vergleiche ich hierbei den Prozess der Emanzipation in Deutschland mit der Gleichstellung in den fortgeschrittenen westlichen Ländern. Anschließend werde ich den Umgang mit der verfassungsrechtlichen Gleichstellung der Juden analysieren und dabei die Ausbreitung des Antisemitismus als bedeutendes Thema erachten. In Folge dessen werde ich das damalige Selbstbild der Juden anhand verschiedener Persönlichkeiten in Literatur und Publizistik ergründen. Aufgrund dieser vielseitigen Betrachtung der Judenemanzipation vor dem Holocaust kann ich letztendlich zu einem zusammenfassenden Fazit kommen.

2. Der Begriff: Emanzipation

Ursprünglich ist die Emanzipation ein Begriff der römischen Rechtssprache. Durch ihn wird der Vorgang bezeichnet, der den Sohn unabhängig von dem Vater in das soziale Umfeld führt. Im Verlauf der Geschichte meint die Emanzipation die Gleichstellung benachteiligter Gruppen. Insbesondere durch die Aufklärung im Zusammenhang mit der französischen Revolution erhält der Begriff seine politische Intention im Sinne von rechtlicher Befreiung sozialer, unterdrückter Gruppierungen und Stände.[1] Bezogen auf mein Thema ist mit der Emanzipation die Gleichberechtigung der Juden gemeint.

3. Der deutsche Weg der Judenemanzipation

3.1. Vom Absolutismus bis zur Gleichberechtigung im Deutschen Reich

Im Zeitalter des Absolutismus waren die Juden in den Teilstaaten des „Heiligen Römischen Reiches Deutscher Nation" eine vom Christentum abgesonderte, als „Volk der Gottesmörder" diskriminierte Bevölkerungsgruppe. Ihr Rang und das Ansehen in der Gesellschaft waren durch den Wohlstand geregelt. Grundsätzlich waren alle Juden von der Produktion materieller Güter ausgeschlossen. Doch ihren teilweise ökonomisch notwendigen Funktionen war es zu verdanken, dass sie allen Verfolgungen standhielten und nach Vertreibungen zurückgerufen wurden. Durch die christliche Obrigkeit waren die Juden in ihrem Leben stark eingeschränkt. Vorschriften regelten ihren Wohnort, setzten ihren Beruf fest und bestimmten die Anzahl der Kinder, die heiraten durften. Während dieser allgemein schlechten Lage fanden Juden ihren Halt in der Gemeinde.[2] Der Preußenkönig Friedrich II. entwickelte 1750 erstmals ein Generalreglement für Juden, welches allerdings noch sehr mittelalterlich orientiert war. Die Juden wurden aufgrund ihres Wohlstands bezogen auf die Nützlichkeit in sechs verschiedene Gruppen aufgeteilt.[3]

In Folge dessen begann mit der Aufklärung die abschwächende Ausgrenzung der Juden. Nennenswerte Aufklärer, wie Lessing und sein Freund Mendelssohn, ein jüdischer Philosoph, waren empört über die Unterdrückung der Juden. Daraus resultierte 1781 das Buch „Über die bürgerliche Verbesserung der Juden." Von

---

[1] Emanzipation,
http://www.wissen.de/wde/generator/wissen/ressorts/geschichte/index,page=1091690.html , zuletzt gesehen 01.03.11
[2] GRAB, Walter: Der deutsche Weg der Judenemanzipation 1789-1938. E. Piper GmbH & Co.KG, München 1991 S.9
[3] Ebd. S.11

Christian Wilhelm von Dohm verfasst, welcher unter entscheidendem Einfluss von Mendelssohn stand. Ähnlich wie Lessing erklärte er die Verelendung der Juden nicht aus religiösen oder sozialen Gründen, sondern vielmehr aus jahrhundertlangen Unterdrückungen. Doch auch er war der Meinung, die Juden müssen sich dem Staat als nützlich erweisen.[4] Darüber hinaus erließ der Habsburgerkaiser Joseph II. sechs Toleranzpatente für die jüdische Bevölkerung. Sein Ziel war jedoch nicht die Abschaffung der jüdischen Benachteiligung, sondern es verbarg sich die Absicht der Stärkung des Absolutismus dahinter.[5]

Bei Ausbruch der Französischen Revolution lebten die Juden in Deutschland, trotz Bemühungen der Aufklärer unter entwürdigten Ausnahmegesetzen. Der Einfluss war für die Juden zunächst sehr positiv anzusehen. So erhielten sie bürgerliche Rechte in den linksrheinischen, von Frankreich eroberten Gebieten. Die von Napoleons Bruder Jerôme verkündete Verfassung des Königreichs Westfalen genehmigte darüber hinaus die volle Gleichstellung der Juden gegenüber der christlichen Bevölkerung.[6] Der aufkommende Nationalismus unter der Vorherrschaft von Napoleon verband sich jedoch mit der Ideologie der Reinheit Deutschlands. Somit wurde die Judenfeindschaft weiträumig nur durch eine Hierarchie von Menschenrassen ersetzt. Zur Veranschaulichung dessen ist die „Christlich-Deutsche Tischgesellschaft" heranzuziehen, welche die „Kennzeichen des Judentums" definierten. Sie unterstellten den Juden unter anderem „ den plumpen Körperbau, widerwärtige Erbkrankheiten, Umgehung eigener und fremder Gesetze, wie auch Missachtung der Befehle der Obrigkeit."[7] Um diese Französische Vorherrschaft zu besiegen, waren das preußische Militär und die Staatsmänner gezwungen, einige Reformen durchzuführen. Die Freiherren vom Stein und Hardenberg legten bei ihren Reformen viel Wert darauf, die absolutistische Staatsform unangetastet zu lassen. Das letzte Reformgesetz des Staatskanzlers Hardenberg, das „Edikt betreffend die bürgerlichen Verhältnisse der Juden in dem preußischen Staat" vom 11. März 1812, schaffte die Autonomie der Gemeinden ab, ermöglichte Freizügigkeit und freie Berufswahl und legte den preußischen Juden die gleichen Pflichten auf, wie der restlichen Bevölkerung. Dennoch blieben sie von allen Staatsämtern, der Justiz und der Offizierslaufbahn ausgeschlossen. Außerdem galt das Edikt nur den Juden, welche Konzessionen und Schutzbriefe vorweisen

---

[4] Vgl. MÖLLER, Horst: Aufklärung, Judenemanzipation und Staat. Ursprung und Wirkung von Dohms Schrift „Über die bürgerliche Verbesserung der Judenemanzipation". In: Walter Grab (Hrsg.): Deutsche Aufklärung und Judenemanzipation. Tel Aviv 1980, S.119-153

[5] Vgl. KARNIEL, Joseph: Die Toleranzpolitik Kaiser Joseph II.. Gerlingen 1985.

[6] Vgl. BERDING, Helmut: Napoleonische Herrschafts- und Gesellschaftspolitik im Königreich Westfalen 1807-1813. Göttingen 1973.

[7] Vgl. HÄRTL, Heinz: Romantischer Antisemitismus. Arnim und die „Tischgesellschaft". Weimarer Beiträge 33/1987, Heft 7, S.1159-1173

konnten. Es wurde darüber hinaus bereits zehn Jahre später in der Restaurationsphase größtenteils zurück genommen und in den zuvor, durch den Wiener Kongress 1815, dazukommenden Teilgebiete erst gar nicht eingeführt. Die konservative Obrigkeit definierte den Staat damit als christlich. Juden aus dem preußischen Rheinland waren, trotz des „Code Civil", der bis 1900 in Kraft war und die Gleichheit vor dem Gesetz vertrat, teilweise gezwungen sich taufen zu lassen um Berufsfreiheit zu erlangen. In der Habsburgermonarchie war es ausschließlich wohlständigen Juden möglich, zu wirtschaftlich wichtigen Positionen oder dem Adel aufzusteigen. Kurz vor dem Wiener Kongress war die Lage der Juden somit nicht groß verändert.[8]

In der Restaurationsphase bestand wenig Interesse an der Emanzipation der Juden. Weder die konservative Obrigkeit, noch die Opposition, welche die politische Einigung Deutschlands forderten, setzten sich für die Gleichstellung der Juden ein. Doch in den dreißiger Jahren entwickelte sich eine Gruppierung junger jüdischer Gebildeter mit neuen Erkenntnissen. Zuvor genossen sie eine weltliche Erziehung, wagten kulturelle Annäherung an Nichtjuden und hatten Abstand von dem jüdischen, durch Religion geregelten Leben. Diese Erkenntnisse lassen sich durch ein Zitat des bedeutendsten Repräsentanten, Gabriel Riesser, erklären:

„Bietet man mir mit der einen Hand die Emanzipation, auf die alle meine innigsten Wünsche gerichtet sind, mit der anderen die Verwirklichung des schönen Traums von der politischen Einheit Deutschlands mit seiner politischen Freiheit verknüpft, ich würde ohne Bedenken die letztere wählen, denn ich habe die feste, tiefste Überzeugung, dass in ihr auch jene enthalten ist."[9]

Dieses Zitat erklärt die neue Sicht, eine Verbindung zwischen der Judenemanzipation und den Demokratiebestrebungen zu setzen. Durch eine berühmte Rede, Gabriel Riessers, beschloss auch die Frankfurter Paulskirchenversammlung die Gleichberechtigung der Juden, welche jedoch durch die Ablehnung der Kaiserkrone von Friedrich Wilhelm IV. nicht verwirklicht werden konnte.[10] Doch diese Zustände aus dem Vormärz konnten nicht vollständig vertrieben werden und hatten entscheidenden Einfluss auf die Geschichte der Emanzipation. Auch wenn die „Grundrechte des deutschen Volkes" und die damit verbundene Gleichberechtigung in Teilstaaten des Deutschen Bundes zunächst

---

[8] Vgl. STRENGE, Barbara: Juden im preußischen Justizdienst 1812-1918. Der Zugang zu den juristischen Berufen als Indikator der gesellschaftlichen Emanzipation. München 1996, S.343-361.
[9] Zitiert bei FRIEDLÄNDER, Fritz: Das Leben Gabriel Riessers. Ein Beitrag zur inneren Geschichte Deutschlands im neunzehnten Jahrhundert. Berlin 1926, S.88.
[10] HEID, Ludgar: Judenemanzipation und deutsche Einheit. Gabriel Riesser, ein wiederentdeckter deutscher Parlamentarier. http://www.j-zeit.de/archiv/artikel.1448.html „Jüdische Zeitung", September 2008.

durch die Wiederbelebung des Deutschen Bundestags 1850 wieder aufgehoben wurden, konnte sich die rechtliche Ausgrenzung auf Dauer nicht durchsetzen. Somit kam es nach einer langwierigen und schwerfälligen Zeit der Judenemanzipation in Deutschland zu einem Gesetz im gesamten Gebiet des Deutschen Reiches, welches die Gleichstellung der Juden garantierte.[11]

3.2. Ursache der schwerfälligen Judenemanzipation in Deutschland und Österreich

Durch die folgende Darstellung werde ich versuchen zu erklären, warum die Eingliederung der Juden in Deutschland und Österreich so mühselig war, jahrzehntelang dauerte, häufig Rückschläge erlitt und letztendlich scheiterte.

Niederlande	• Überwindung der spanischen Krone • Politische Unabhängigkeit • Zentrum der Judenheit → Amsterdam = „holländisches Jerusalem" • Eigener Nutzen durch das Prinzip der Völkerfreundschaft → Juden als gleichwertig angesehen
England	• **Bürgerliche Revolution** → Sieg über königlichen Absolutismus • Cromwell hebt das Gesetz gegen die Einreise von Juden auf • Kolonien, die das Feudalsystem gar nicht kannten, werden zum Fluchtort von Juden
Amerika	• Unabhängigkeitskrieg durch Juden finanziert • Verfassung gewährt die Gleichberechtigung allen Konfessionen, die Gott anerkennen

---

[11] BATTENBERG, Friedrich: Die Revolution von 1848 und ihre Folgen. http://www.ieg-ego.eu/de/threads/europaeische-netzwerke/juedische-netzwerke/friedrich-battenberg-judenemanzipation-im-18-und-19-jahrhundert#DieRevolutionvon1848undihreFolgen, 12.03.2010.

Frankreich	• Revolution von „unten"
	• Nationalversammlung emanzipiert
	sich gegenüber traditionellen
	Machtträgern
	• Judenemanzipation zum Nutzen der
	Demokratie
Deutschland und Österreich	• Keine Selbstbefreiung (Bürgertum
	sprengte die Fesseln der
	Privilegienordnung nicht aus eigener
	Kraft)
	• Taktische Judenemanzipation
	(Judenpatente 1782-1789;
	Judenedikt 1812)
	• Emanzipation von „oben"
	• Widersprüche in deutscher
	Gesellschaft, Misstrauen zwischen
	Besitzenden und Besitzlosen durch
	zuvor geschehene Weber-Unruhen
	→ kein gemeinsamer Kampf gegen
	den Adel wie in Frankreich

Durch Betrachtung der unterschiedlichen Entwicklung der Emanzipation in den westlich fortgeschrittenen Ländern werden Ursachen für die schwerfällige Emanzipation der Juden in Deutschland und Österreich deutlich. Eines der bedeutendsten Merkmale ist die fehlende Revolution von „unten" in Deutschland und Österreich. Anstatt dessen kam es ausschließlich zu Emanzipationsgesetzen durch die traditionelle Obrigkeit. Diese Gesetze verfolgten jedoch meist taktische Ziele, wie die Stärkung des Absolutismus oder die Ausbeutung der Juden aufgrund ihrer „Nützlichkeit" für den Staat. In anderen Ländern jedoch erkämpften sich die Bürger meist eigenständig die Unabhängigkeit und Gleichberechtigung, was dann auch den Juden zugute kam. In Deutschland ließ das weitgehend ungenügende Bewusstsein der Bevölkerung eine Integration von Juden kaum zu.[12]

---

[12] GRAB: 1991, S.19-26.

3.3. Die verfassungsrechtliche Judenemanzipation – Nur eine Illusion?

Die Emanzipation war kein revolutionärer Erfolg nach 1848. Es handelte sich nicht um einen Kampf des souveränen Volkes gegen alte Gewalthaber. Die konfessionellen Unterschiede waren zwar abgeschafft, jedoch war das Judentum weiterhin nur eine geduldete Religion. Diesen Unterschied erklärte Ludwig Phillippson, der Herausgeber der „Allgemeinen Zeitung des Judentums" durch den Kontrast zu Frankreich und Nordamerika:

„Die Gewissensfreiheit ist so lange nicht eine vollständige, als es noch bevorrechtete Religionen oder Konfessionen im Staate, solange es noch eine Staatsreligion gibt. Erst wenn entwder alle Kulte einen gleichen oder gar keinen Anspruch auf die Staatsmittel und –anstalten haben, wie jenes in Frankreich, dieses in Nordamerika der Fall ist, ist die vollständige Gewissens- und Glaubensfreiheit besiegelt."[13]

Die konservativen Machtträger gewährten den Juden zwar formelle Gleichheit vor dem Gesetz, weil die Bedürfnisse der Industriegesellschaft die erforderlich machten. Allerdings neigten sie dazu alle politische Freiheitsrechte mit Vorbehalt des Widerrufs zu betrachten. Sie lehnten den demokratischen Gleichheitsgrundsatz zu ihrem Vorteil ab und trennten den Staat nicht von der Kirche. Infolge der Diskriminierung des Judentums, blieb die jüdische Emanzipation eine Einbildung, solange das Deutsche Kaiserreich bestand.[14] Darauf folgend erweiterte sich der Antisemitismus in die politische Richtung. Der Widerspruch zwischen der Diskriminierung des Judentums und der Gleichberechtigung der Juden als Privatperson entwickelte sich zur politischen Waffe. Juden wurden zu Sündenböcken in Krisenzeiten. Ein bedeutendes Beispiel dafür ist die Schuldfrage der Niederlage des ersten Weltkriegs, welche den Juden zugesprochen wurde.[15]

Des Weiteren versuchte man den Vormarsch der organisierten Arbeiterbewegung zu hemmen, indem Antisemiten behaupteten, die Juden hätten die Arbeiter zu dem Widerstand aufgebracht. Obwohl die Juden, während der Industrialisierung ihre Werte und Normen vernachlässigten und sich selbst als Deutsch empfanden, wurden sie größtenteils als Fremdkörper angesehen. Ökonomisch gesehen galten sie als Vorläufer des Fortschritts, die mit ihren Zeitungsverlagen und Warenhäusern

---

[13] Allgemeine Zeitung des Judentums. Jg. 1861, S.143, zitiert bei TOURY, Jacob: Soziale und politische Geschichte der Juden in Deutschland. 1847-1871, Düsseldorf 1977, S.355.
[14] Vgl. die Argumentation bei TOURY, Jacob: Soziale und politische Geschichte der Juden in Deutschland 1847-1871. Düsseldorf 1977, S. 356-377.
[15] NIEKRAWITZ, Katja: Antijudaismus und Antisemitismus als Karikatur. Die Entwicklung der antisemitischen Karikatur. http://www.judentum-projekt.de/geschichte/neuzeit/antisemi/antisemi.html

die Arbeits- und Vertriebsmethoden verbesserten. Doch kein Jude konnte in den entscheidenden wirtschaftlichen und politischen Machtpositionen Fuß fassen.[16] Dazu kam 1880/81 eine von Adolf Stoecker und seinen Freunden initiierte Antisemitenpetition, die von mehr als einer Viertel Million Bürgern unterzeichnet wurde. Das deutsche Volk forderte Bismarck auf, sich von der Fremdherrschaft der Juden zu befreien. Die Behörden wiesen diese Petition zwar mit Blick auf die Verfassung, welche die Gleichberechtigung fernab von Religion sichern sollte, ab, verurteilte den dahinter verborgenen Antisemitismus jedoch keineswegs.[17] Dieser Judenhass fand vor allem in der von dem Prozess der Industrialisierung überrollten Unterschicht viele Anhänger. Neben Stoecker war damit unter anderem Heinrich Treitschke ein Mann, der die Bildungsschicht von den antisemitischen Ansichten überzeugen konnte.[18]

Resultierend aus der Ausbreitung des Antisemitismus kam es zu verschiedenen Reaktionen von Seiten der Juden. Dabei kam es auch zur Gründung des „Central-Verein deutscher Staatsbürger jüdischen Glaubens." Dessen Ziel war es, „durch Wort und Schrift, durch öffentliche Versammlungen und Vorträge den einzelnen mit den Waffen auszurüsten, die ihn befähigen, den aufgezwungenen Kampf im Geiste der Wahrheit zu bestehen, damit an der Besserung nach innen und außen alle mitarbeiten, die aus der Not der Zeit die Pflicht der Selbstverteidigung erkannt haben – im Lichte der Öffentlichkeit".[19] Im Laufe des wirtschaftlichen Aufschwungs verlor der Antisemitismus zwar an Boden, blieb jedoch weiterhin bestehen. Dies zeigte sich beispielsweise an dem Nobelpreisträger Norbert Ehrlich, der allein wegen seiner jüdischen Abstammung keine Chance zu einem Ordinariat in Preußen besaß.[20] Kurz vor dem ersten Weltkrieg glaubte der „Central-Verein" an eine letztendliche Eingliederung der Juden in Deutschland durch die Verbreitung patriotischer Gedanken.[21] Es kam jedoch zu einem großen Fehlschlag durch die angeordnete Judenzählung am 11. Oktober 1916. Aus antisemitischen Gründen wollte man durch eine Statistik der Juden im Wehrdienst die „jüdische Drückebergerei" im ersten Weltkrieg beweisen. Die Ergebnisse wurden jedoch

---

[16] GRAB: 1991, S.28.
[17] Vgl. Die parlamentarische Behandlung der Antisemitenpetition in HAMBURGER, Ernest: Juden im öffentlichen Leben Deutschlands. Regierungsmitglieder, Beamte und Parlamentarier in der monarchischen Zeit 1848 – 1918. J.C.B. Mohr (Paul Siebeck), Tübingen 1968, Seiten 134-136.
[18] Jusos München. Stellungnahme. Treitschkestraße München. http://www.jusos-muenchen.de/index.php?id=419 München, 12.02.2010.
[19] Das Zitat ist den Statuten des „Central-Vereins" entnommen.
[20] Vgl. GAY, Peter: Begegnung mit der Moderne – Deutsche Juden in der deutschen Kultur. In: Juden im Wilhelminischen Deutschland 1890-1914. Tübingen 1976, S.241-311.
[21] ESSER, Michael. Jüdische Soldaten des Ersten Weltkrieges aus dem Rhein-Sieg-Kreis. In: Der Schild. Hg.: Bund Jüdischer Soldaten (RJF) E.V Heft 1 (1.Novemeber 2007), S.20.

geheim gehalten, und somit wurde die deutsche Wahrnehmung beträchtlich manipuliert.[22]

Im Großen und Ganzen stellt sich durch diese Auflistung von Fakten der damaligen Zeit heraus, dass die verfassungsrechtliche Judenemanzipation im Kaiserreich tatsächlich nur als Illusion angesehen werden kann.

3.4. Die Weimarer Republik und das Ende der Judenemanzipation

Zu Beginn der Weimarer Republik war man noch der Ansicht, der Gipfel der jüdischen Emanzipation sei erreicht. Zunächst befanden sich Juden erstmals in politischen Positionen während der ersten parlamentarischen Demokratie. Doch auch dieser Trugschluss sollte sich bald als falsch erweisen.[23] Dieser ist durch eine beispielhafte Leitfigur des Untergangs der Judenemanzipation zu zeigen – Walter Rathenau. Er gehörte 1919 zu den Gründungsmitgliedern der Deutschen Demokratischen Partei (DDP) und fungierte kurze Zeit später als Außenminister. In seiner kurzen Amtszeit musste er sich jedoch den Antisemiten, welche mit voller Hass geprägt waren, gegenüberstellen. Kurz vor seinem Tod, welcher durch Fanatiker der Rechten verursacht wurde, kursierte das Stammtischlied:

„Knallen die Gewehre – tak, tak, tak
Aufs schwarze und aufs rote Pack.
Auch Rathenau, der Walther,
Erreicht kein hohes Alter,
Knallt ab den Walther Rathenau,
Die gottverdammte Judensau!"[24]

Den Mördern Rathenaus ließ Hitler einen Gedenkstein errichten.[25]

Jedoch war es ein Sinnbild der Geschichte, dass die Niederlage von 1918 den Juden als Sündenbock zugesprochen wurde. Dadurch verstärkte sich der Antisemitismus nach Kriegsende erheblicher als zuvor. Er wurde zu einem politischen Faktor des Adels und der Konservativen. Sie nutzten die antisemitische Propaganda um die zuvor in Abhängigkeit gehaltene Unterschicht als Wählerstimmen für ihr neues demokratisches Gesicht zu erhalten.[26]

---

[22] MAHNKE-DEVLIN, Julia: Erlass zur „Judenzählung".http://www.br-online.de/bayern2/kalenderblatt/judenzaehlung-geschichte-erlass-ID1285659712168.xml Stand: 11.10.2010
[23] GRAB: 1991, S.35.
[24] WAIBL-SOCKNER, Jasmin: „Die Juden sind unser Unglück." Berlin 2009, S.240.
[25] NPD feiert Rathenau-Mörder. http://www.redok.de/content/view/749/36/ Bad Kösen, 26.07.2007.
[26] Vgl. JOCHMANN, Werner: Gesellschaftskrise und Judenfeindschaft in Deutschland 1870-1945. Hamburg 1988, S.99-170

Objektiv betrachtet ergibt sich aus der Vor- und Nachkriegszeit folgender Widerspruch:

Juden besaßen zwar vor dem Krieg ausschließlich Privilegien des zweiten Ranges, jedoch wurde der aufkommende Rassenantisemitismus am Beispiel der Antisemitenpetition in Schach gehalten – Auch wenn er nicht verurteilt wurde. Im Gegensatz dazu waren Juden nach dem Krieg vollständig gleichberechtigt und besaßen politischen Einfluss. Allerdings wurde beispielsweise die gegen Walter Rathenau gerichtete Mordhetze, ausgehend vom Antisemitismus, nicht bekämpft. Dies war unter anderem ein schwerwiegender Grund für das Ende der Judenemanzipation. Darüber hinaus entwickelte sich der Antisemitismus als politisches Mittel. Dies kann man als Grundlage der Ideologie des Naziregimes unter Hitler verstehen. Somit endete die Judenemanzipation im Judenboykott 1933, wie auch 1935 mit den Nürnberger Rassengesetzen.

4. „Jüdischer Selbsthass" und jüdische Selbstachtung in der deutschen Literatur und Publizistik

4.1. Karl Kraus – Gesellschaftskritiker

Der Wiener Gesellschaftskritiker Karl Kraus gründete 1899 die Kulturzeitschrift „Die Fackel". Die Intention der Zeitschrift bestand darin, Kritik an der Verkommenheit der Sprache, Lügen, und Korruption der Presse zu veröffentlichen. Zu den Hauptfeinden von Karl Kraus zählten jüdische Redakteure und Herausgeber.[27] Er bekannte sich eindeutig dem antijüdischen Denken, nannte sich selbst „Abtrünniger aus Ganzem Herzen"[28] und glaubte, an ihm hafte „nichts von allen den Eigenschaften der Juden" an.[29] In einer der ersten Auflagen der Fackel „Durch Auflösung zu Erlösung" heißt es: „Nur das Ablegen der Eigentümlichkeiten einer Rasse, die durch die vierhundertjährige Zerstreuung längst aufgehört hat, eine Nation zu sein, kann der Qual ein Ende machen."[30] Seine Antipathie gegenüber dem Judentum führte letztendlich zum Austritt aus der jüdischen Kultusgemeinde, und einer darauf

---

[27] Die Fackel, Nr.33, Februar 1900, S.20. Vgl. SCHEICHL, Sigurd Paul: Karl Kraus und die Politik (1892-1919). Innsbruck 1971, S.849.
[28] Die Fackel, Nr. 254-356, August 1912, S.25. Vgl. ABELES IGGERS Wilma: Karl Kraus. A Viennese Critic of the Twentieth Century. The Hague 1967, S.179.
[29] Die Fackel, Nr. 386, November 1913, S.3.
[30] Die Fackel, NR.23, Mitte November 1899, S.5f.

folgenden katholischen Taufe.[31] Kraus lehnte den Zionismus bewusst ab, da er ihn nur als lästige Störung des Assimilationsprozess verstand und war der Meinung, der neue Judenstaat wäre lediglich ein „neues Ghetto".[32]

4.2. Arnold Zweig – Schriftsteller

Der deutsch-jüdische Schriftsteller Arnold Zweig besaß im Gegensatz zu Karl Kraus eine große Zuneigung zu nationaljüdischen Ideen. Schon in frühen Jahren schrieb er eine „Aufzeichnung über eine Familie Klopfer", in der seine Zuneigung zu spüren war. Es war eine Darstellung einer vom Antisemitismus zerrütteten Familie, welche in Palästina eine Wiedergeburt des Judentums erfuhr.[33] Aufgrund seines Wehrdienstes machte Arnold Zweig prägende Erfahrungen an der Ostfront und sprach voller Lob von der Lebenskraft und Begeisterungsfähigkeit der jüdischen Jugend Osteuropas. Er glaubte an die Entstehung einer jüdischen Gemeinschaft in Palästina, die Ideen der nationalen Einheit und des Sozialismus vereine. Unter Anderem beteiligte er sich an Martin Bubers „Der Jude" und bekannte sich zum Zionismus.[34] Zweig sprach den Juden infolge ihrer religiösen Verfolgungen und ökonomischen Funktion im Feudalzeitalter ein starkes Gerechtigkeitsgefühl und größere geistige Beweglichkeit als anderen Völkern zu.[35] Nach der Machtübernahme der Nazis war er der einzige deutsch-jüdische Schriftsteller, der nach Palästina auswanderte. In seiner „Bilanz der deutschen Judenheit 1933" sprach er von einem praktischen Weg in die Zukunft.[36] Außerdem versuchte er das Unrecht der Nazis durch die Schilderung jüdischer Verdienste zu erleuchten und kritisierte den Prozess der Emanzipation. Für ihn wurden lediglich Individuen und nicht das Volk, geschweige denn die Religion anerkannt.[37] Schließlich war er auch einer der wenigen unter seinen Schicksalsgefährten und Freunden, der öffentlich seine Zugehörigkeit zum Judentum bekannt gab, indem er der Jüdischen Gemeinde in Berlin beitrat.[38]

---

[31] Vgl. PFABIGAN, Alfred: Karl Kraus und der Sozialismus. Eine politische Biographie. Wien 1976, S.149.
[32] KRAUS Karl: Eine Krone für Zion. Satirische Streitschrift gegen den Zionismus und seine Propheten. Wien 1899.
[33] Vgl. WIZNITZER Manuel: Arnold Zweig. Das Leben eines deutsch-jüdischen Schriftstellers. Frankfurt 1987, S.21f.
[34] Ebd., S.35.
[35] ZWEIG Arnold: Der Jude in der deutschen Gegenwart. In: Der Jude, Sonderheft Antisemitismus und jüdisches Volkstum, Berlin 1925, S. 1-8.
[36] ZWEIG Arnold: Bilanz der deutschen Judenheit 1933. Ein Versuch. Amsterdam 1934, S.304,308.
[37] Ebd., S.312
[38] PAZI Margarita: Arnold Zweig – Der Weg zurück in die Homeyerstraße. In: Arbeitskreis Heinrich Mann. Mitteilungsblatt Sonderheft, hrsg. Von Peter Paul Schneider, Lübeck 1981, S.225-237.

4.3. Ursache für das unterschiedlich Selbstbild

Arnold Zweig und Karl Kraus sind lediglich zwei Personen von vielen, die sich zur Zeit der „Großen Depression" zwischen 1873 und 1890 mit ihrer eigenen Religion, dem Judentum, auseinander setzten. Der Selbsthass vieler Juden zu der Zeit ist hauptsächlich durch die bruchstückhafte Emanzipation im 19. Jahrhundert zu erklären. Es herrschte lange keine Gleichstellung mit den christlichen Konfessionen. Während die christlichen Kirchen Staatsmittel erhielten, war dies bei der jüdischen Gemeinde nicht der Fall. Somit wurden, wie Arnold Zweig ebenfalls erkannte, nur Individuen in die Gesellschaft integriert. Der Großteil jedoch hatte keine Möglichkeit im öffentlichen Dienst, in der Justiz, im Heer oder an Universitäten Fuß zu fassen. Außerdem kam es zu eigenartigen Forderungen der Liberalen, die ursprünglich die Emanzipation vorantrieben. Sie wollten Juden zur Ablage gewisser Eigenschaften bringen, was weitläufig zu einer „Entjudung" geführt hätte.

Diese äußerst ungünstige Lage spaltete die jüdische Bevölkerung in verschiedene Lager. Auf der einen Seite nahmen sie sich Ansichten der Antisemiten unterbewusst an und sahen ihre Religion als Belastung. Auf der anderen Seite jedoch, erkannten gewisse Leute - wie Arnold Zweig - die Absicht des aufkommenden Antisemitismus. Daraus resultierte eine eigene Stärkung durch die Religion. Sie wiesen die antisemitische Unterdrückung anderer Kulturen zurück und besaßen eine Neigung zur Idealisierung des Judentums.

5. Fazit

Die Emanzipation der Juden in Deutschland, die im Zeitalter der Französischen Revolution begann, wurde nach anderthalb Jahrhunderten zurückgenommen. Ihr Scheitern mündete letztendlich in die größte Katastrophe des Jüdischen Volkes. Der Kampf um Emanzipation der Juden war seit Anbeginn Teil des Kampfes von Aufklärern und Revolutionären. Ein Zusammenhang zwischen Demokratiebestrebungen und Emanzipation war zu erkennen. Somit misslangen, neben dem Scheitern der Emanzipation, auch jegliche Bestrebungen zur Demokratie bis 1918. Der deutsche Liberalismus, der in seiner Blütezeit während der 1860er Jahre wesentlich zur Emanzipation beitrug, verkümmerte in einem militaristischen Obrigkeitsstaat und die konservativen Machträger sprachen sich jederzeit gegen eine Demokratie aus. Im Laufe der Geschichte erlangten Juden zwar bürgerliche Rechte, das Judentum war jedoch dem Christentum stets unterlegen. Zudem war die Tatsache, dass die bürgerlichen Rechte auf die Nützlichkeit der Juden auszielten, nicht zu verleugnen. Den Juden war kein Aufstieg im Staatsapparat, im Heer oder der Justiz möglich. Dadurch blieb die Staatsverwaltung stets in Händen der konservativen, antidemokratischen Bürokratie, welches die Weimarer Republik beweist. Die traditionellen Führungsschichten, die ihre politischen Vorrechte verloren hatten, mussten demokratische Ansätze vortäuschen und gingen mit dem Kleinbürgertum politische Bündnisse ein. Die Judenhetze wurde, zum Ende der Weimarer Republik, zu einem politischen Mittel ersten Ranges. Die Arbeiterbewegung erwies sich als gespalten und war ebenso wenig, wie die Juden, in der Lage ihr Bestreben nach Demokratie durchzusetzen. Letztendlich konnte die Emanzipation, welche nicht erkämpft sondern gnädig gewährt worden war, von den Nazis ungnädig aufgehoben werden. Der schon zuvor sich ausbreitende Antisemitismus wurde durch Hitler in undenkbaren Ausmaßen verstärkt und letztendlich zu einer Rassenideologie ausgeweitet.

Bis heute ist der Antisemitismus noch lange nicht vertrieben. Durch aktuelle Fälle in der Welt der Prominenten „erlebt der Antisemitismus derzeit eine unerfreuliche Renaissance."[39] Zu bekannten Gesichtern in Verbindung mit diesem Thema zählen unter anderem, Prinz Harry in Nazipose oder noch aktueller, Dior-Designer John Galliano, US-Schauspieler Charlie Sheen und Wikileaks-Gründer Julian Assange.

Wiederum andere haben aus der Vergangenheit gelernt. So sprach der Vorsitzende des Zentralrats der Juden in Deutschland:

„Wer heute miteinander Kultur erlebt, wird sich morgen nicht feindselig gegenüberstehen"[40]

---

[39] LEUTHOLD, Karin: Alter Judenhasse im neuen Promi-Gewand.
http://www.20min.ch/people/international/story/Alter-Judenhass-im-neuen-Promi-Gewand-25610745
06. März 2011.
[40] Rheinische Post, 21.02.2011.

Literaturverzeichnis

ABELES IGGERS, Wilma: Karl Kraus. A Viennese Critic of the Twentieth Century.
The Hague 1967.

BERDING, Helmut: Napoleonische Herrschafts- und Gesellschaftspolitik im
Königreich Westfalen 1807-1813. Göttingen 1973.

ESSER, Michael. Jüdische Soldaten des Ersten Weltkrieges aus dem Rhein-Sieg-
Kreis. In: Der Schild. Hg.: Bund Jüdischer Soldaten (RJF) E.V Heft 1
(1.Novemeber 2007).

FRIEDLÄNDER, Fritz: Das Leben Gabriel Riessers. Ein Beitrag zur inneren
Geschichte Deutschlands im neunzehnten Jahrhundert. Berlin 1926.

GAY, Peter: Begegnung mit der Moderne – Deutsche Juden in der deutschen
Kultur. In: Juden im Wilhelminischen Deutschland 1890-1914. Tübingen
1976.

GRAB, Walter: Der deutsche Weg der Judenemanzipation 1789-1938. E. Piper
GmbH & Co.KG. München 1991.

HAMBURGER, Ernest: Juden im öffentlichen Leben Deutschlands.
Regierungsmitglieder, Beamte und Parlamentarier in der monarchischen
Zeit 1848 – 1918. J.C.B. Mohr (Paul Siebeck), Tübingen 1968.

HÄRTL, Heinz: Romantischer Antisemitismus. Arnim und die „Tischgesellschaft".
Weimarer Beiträge 33/1987, Heft 7.

JOCHMANN, Werner: Gesellschaftskrise und Judenfeindschaft in Deutschland
1870-1945. Hamburg 1988.

KARNIEL, Joseph: Die Toleranzpolitik Kaiser Joseph II.. Gerlingen 1985.

KRAUS, Karl: Eine Krone für Zion. Satirische Streitschrift gegen den Zionismus und
seine Propheten. Wien 1899.

MÖLLER, Horst: Aufklärung, Judenemanzipation und Staat. Ursprung und Wirkung
von Dohms Schrift „Über die bürgerliche Verbesserung der
Judenemanzipation". In: Walter Grab (Hrsg.): Deutsche Aufklärung und
Judenemanzipation. Tel Aviv 1980.

PAZI, Margarita: Arnold Zweig – Der Weg zurück in die Homeyerstraße. In:
Arbeitskreis Heinrich Mann. Mitteilungsblatt Sonderheft, hrsg. Von Peter
Paul Schneider, Lübeck 1981.

PFABIGAN, Alfred: Karl Kraus und der Sozialismus. Eine politische Biographie.
Wien 1976.

SCHEICHL, Sigurd Paul: Karl Kraus und die Politik (1892-1919). Innsbruck 1971

STRENGE, Barbara: Juden im preußischen Justizdienst 1812-1918. Der Zugang zu den juristischen Berufen als Indikator der gesellschaftlichen Emanzipation. München 1996.

TOURY, Jacob: Soziale und politische Geschichte der Juden in Deutschland 1847-1871. Düsseldorf 1977.

WAIBL-SOCKNER, Jasmin: „Die Juden sind unser Unglück." Berlin 2009.

WILDE, Harry. Walter Rathenau in Selbstzeugnissen und Dokumenten. Rowohlt Taschenbuch Verlag, Reinbek 1971.

WIZNITZER, Manuel: Arnold Zweig. Das Leben eines deutsch-jüdischen Schriftstellers. Frankfurt 1987.

ZWEIG Arnold: Bilanz der deutschen Judenheit 1933. Ein Versuch. Amsterdam 1934.

ZWEIG Arnold: Der Jude in der deutschen Gegenwart. In: Der Jude, Sonderheft Antisemitismus und jüdisches Volkstum. Berlin 1925.

Internetquellen:

http://www.wissen.de/wde/generator/wissen/ressorts/geschichte/index,page=1091690.html

http://www.j-zeit.de/archiv/artikel.1448.html

http://www.ieg-ego.eu/de/threads/europaeische-netzwerke/juedische-netzwerke/friedrich-battenberg-judenemanzipation-im-18-und-19-jahrhundert#DieRevolutionvon1848undihreFolgen

http://www.judentum-projekt.de/geschichte/neuzeit/antisemi/antisemi.html

http://www.jusos-muenchen.de/index.php?id=419 München

http://www.br-online.de/bayern2/kalenderblatt/judenzaehlung-geschichte-erlass-ID1285659712168.xml

http://www.redok.de/content/view/749/36/

http://www.20min.ch/people/international/story/Alter-Judenhass-im-neuen-Promi-Gewand-25610745

→ **Zuletzt gesehen: 27.03.2011**

Arbeitsprozessbericht

Datum:	Arbeitsschritt:	Dauer:
1 Woche vor Beginn der Facharbeit	Suche nach Internetquellen, kurzes Einlesen → Erstellen des Themas	2 Stunden
07.02.2011	Beginn der Facharbeit: kurzes Einlesen in die Internetquellen	½ Stunde
09.02.2011	Such nach Literatur aus der Uni-Bibliothek via Internet + Anfänge zur Gliederung	1 ½ Stunden
11.02.2011	Besuch in der Uni-Bibliothek Düsseldorf	3 Stunden
14.02.2011	Erstellung des Deckblatts (rein formal), Einlesen in Literatur Grober Plan der Gliederung	4 Stunden
15.02.2011	Lesen von Literatur, Organisatorisches → Wie viele Seiten für ein Thema	1 Stunde
22.02.2011	Lesen von Literatur → Überarbeitung der Gliederung Recherche Internetquellen	4 Stunden
27.02.2011	Stichpunktverfassung zu Texten: Vorwort, Geschichte der Judenemanzipation in Deutschland	2 ½ Stunden
28.02.2011	Stichpunktverfassung zu Texten: Geschichte der Judenemanzipation in Deutschland; Überarbeitung der Gliederung	2 Stunden
01.03.2011	Verfassen der Texte „Vorwort, Der Begriff: Emanzipation" und teilweise „Vom Absolutismus zur Gleichberechtigung im Deutschen Reich" Anlegen eines Materialordners für die Facharbeit	3 ½ Stunden
02.03.2011	Verfassen des Textes „Ursache für die schwerfällige Emanzipation in Deutschland und Österreich"	2 Stunden
05.03.2011	Beginn des Textes „Die verfassungsrechtliche Emanzipation der Juden – Eine Illusion?"	1 Stunde

Datum	Tätigkeit	Dauer
06.03.2011	Verfassen des Textes „Die verfassungsrechtliche Emanzipation der Juden – Eine Illusion + Internetrecherche	2 Stunden
14.03.2011	Besuch an der Universitätsbibliothek Düsseldorf	1 ½ Stunden
15.03.2011	Verfassen des Textes „Die verfassungsrechtliche Emanzipation der Juden – Eine Illusion; Die Weimarer Republik und das Ende der Judenemanzipation"	2 ½ Stunden
19.03.2011	Lesen von Literatur Stichpunktverfassung zum Kapitel „Selbsthass und Selbstachtung"	3 Stunden
20.03.2011	Verfassen des Kapitels „„Jüdischer Selbsthass' und jüdische Selbstachtung in der deutschen Literatur und Publizistik"	2 Stunden
21.03.2011	Verfassen des Textes „Fazit"	1 ½ Stunden
22.03.2011	Erstellen des Literaturverzeichnis	½ Stunde
23.03.2011	Überarbeitung	1 Stunde
24.03.2011	Überarbeitung	1 ½ Stunden
25.03.2011	Überarbeitung: Literaturverzeichnis, Fußnoten	2 ½ Stunden
26.03.2011	Überarbeitung	1 ½ Stunden
27.03.2011	Überarbeitung	1 Stunde
28.03.2011	Überarbeitung	1 Stunde
29.03.2011	Überarbeitung	2 Stunden
30.03.2011	Überarbeitung, Arbeitsprozessbericht, Inhaltsverzeichnis	2 ½ Stunden